Sprüche

Sprüche über das Leben, Bewegung, Krankheit, Tod und Freunde

Band 7

Nicole Sunitsch

<u>Bibliografische Information der Deutschen Nationalbibliothek:</u>
Die Deutsche Nationalbibliothek verzeichnet diese Publikation in
der Deutschen Nationalbibliografie;
detaillierte bibliografische Daten sind im Internet über
http://dnb.dnb.de abrufbar.

Herstellung und Verlag:
BoD – Books on Demand, Norderstedt

1. Auflage: März 2018
ISBN: 978-3-7460-3421-8

Titel/Idee: Nicole Sunitsch
Cover/Foto: Nicole Sunitsch
Sprüche/Zitate: Nicole Sunitsch
Fotos/Bilder: Christian Berthold
Korrektorat: Veronika Herzog

Inhalt

Vorwort

Liebe Leser!

Wie mein Gedichtsbuch entstand

Vor zwei Jahren schrieb ich mein erstes Gedicht, es gefiel mir sehr in jeder Hinsicht. Es lag lange in meiner Mappe, ohne dass ich gedanklich Zugriff hatte. Ein soziales Projekt brachte mir wieder die Idee und bereitete mir Bauchweh. Ich nahm meinen Stift in die Hand, schon war ein Gedicht fertig und anerkannt.

Aus den Gedichten wurden immer mehr, das freute mich sehr. Ich wollte die Gedichte nur für mich schreiben und die Öffentlichkeit damit meiden. Doch ich fand es einfach zu schade, denn es ist doch eine schöne Gabe, die ich habe. Vielleicht gefallen meine Gedichte der Welt, zahlen dafür ein wenig Geld. Und geht mein Buch nur durch wenige Hände, dann spricht das für mich schon Bände. Vielleicht konnte ich euch einiges von der Seele schreiben und es hilft euch ein wenig bei euren Leiden.

Ich weiß, es ist nur ein kleiner Trost, doch vielleicht lässt es für kurze Zeit eure negativen Gedanken los. Wenn ich das mit meinen Zeilen bewirken kann, dann hilft es in schwierigen Zeiten jedermann. Und wenn es nur wenige Menschen lesen, für mich sind sie besondere Wesen. Es zahlen zwar nicht alle Spesen, lest das Büchlein mit Herz und ihr versteht auch meine Thesen. Ich glaube, es ist für jeden etwas dabei, als ich die Gedichte schrieb, machten sie mich frei. Nun möchte ich nicht weiter schwanken, lest meine Gedichte, dann kennt ihr meine Gedanken.

Das Büchlein soll euch Liebe und Glück bescheren, in keiner Weise belehren, sondern sich nur vermehren. Nun ist das Büchlein schon das Siebte und mich noch kein Büchlein betrübte. Ich freue mich über das siebte Büchlein sehr und ich hoffe, es werden von meinen Büchern noch viel mehr.

Danke

Als erstes möchte ich dir danken, mit meinen Gedichten noch nicht weiterschwanken. Du hältst nun mein siebtes Büchlein in deiner Hand, ich bin nur ein kleiner Autor und überhaupt noch nicht bekannt.

Du bist ein Mensch, der mich nicht kennt, aber auch nicht einem Bestseller hinterher rennt. Ich danke dir für deinen Kauf, vielleicht gibst du mir eine Bewertung darauf. Auch wenn nicht alles perfekt geschrieben ist, hoffe ich, dass du mit deinem Herzen auch dabei bist.

Darüber würde ich mich sehr freuen, denn es werden noch weitere Bücher von mir folgen. Vielleicht erzählst du mal von meinen Gedichten und sie sind ähnlich wie deine Geschichten. Nimm das Büchlein an schlechten Tagen wieder raus und vergiss nicht, gib dich niemals auf.

Zum Nachdenken!

Spitze

Die meisten Menschen bewundern nur den Gipfel eines Berges, doch die richtige Stärke kommt vom Boden.

Talente

Jeder Mensch hat Talente und Ressourcen, entdecke sie in dir und nutze sie.

Selbstbewusstsein

Nimm deine Gedanken im Sein selbst und bewusst wahr, denn nur so wirst du auch dein Selbstbewusstsein erhalten können.

Wie Bäume

Wir Menschen sind wie Bäume, wir brauchen ein starkes Wurzelwerk unter der Erde, um groß zu werden und um die Krone zum Leuchten zu bringen.

Deine Chance

Das Leben ist deine Chance. Wenn du auch
nicht immer glücklich bist, du hast immer
die Chance, glücklich zu werden.

Wie Verpackungsmaterial

Das Leben ist wie Verpackungsmaterial,
manche Menschen vergessen nur regelmäßig,
den Müll raus zu tragen.

Überdenke

Überdenke jede schlechte Handlung von dir, um nicht wieder die gleichen Fehler zu machen, sondern andere.

Nur

Nur wenn du ganz unten gut bist, wirst du auch an der Spitze bestehen können.

Ein besonderes Wesen

Du bist ein besonderes Wesen, auch wenn du manchmal zweifelst. Doch genau dieser Zweifel macht dich so besonders.

Immer bei dir sein

Egal, was du tust, lebe dein Leben mit deinem Herzen und versuche es immer glücklich zu machen, denn diese Liebe, dieses Glück werden immer bei dir sein.

Egal

Egal was andere Menschen von dir denken, wichtig ist, dass du von dir selbst Gutes denkst und du dir nicht egal bist.

Richtige Richtung

Folge deinem Herzen und deinem Bauchgefühl. Weißt du trotzdem nicht mehr weiter, wird der Verstand da sein und dein Herz in die richtige Richtung lenken.

Stell dich!

Stell dich deinem Leben und dein Stellenwert wird steigen. Erst dann wirst du merken, wie wichtig du bist.

Nicht zu viel

Denke über gewisse Dinge nicht zu viel nach, denn es kommt oft ganz anders als erhofft. Dadurch kannst du dir viele Sorgen, Zeit und Kummer ersparen.

Ohne Brücke

Wenn du an dich ganz fest glaubst, wirst du jeden Fluss auch ohne Brücke überqueren können.

Erfolg

Wenn du erfolgreich bist, arbeite weiter an dir, denn der Erfolg bleibt nur bei dir, wenn du immer weiter an dir arbeitest.

Einfach dankbar

Mache dir keine Gedanken, was andere über dich denken könnten, sondern sei einfach dankbar, wenn sie an dich gedacht haben.

Gerüchte

Gerüchte sind nicht immer da, um andere schlecht zu machen, sondern manchmal wird man dadurch erst interessant und gut.

Für dich

Entscheide für dich selbst, was wichtig ist für dich, denn kein Mensch kennt dich so gut wie du selbst.

Dein Weg

Gehe deinen Weg und keinen anderen, denn es ist noch schwerer den eigenen Weg wieder zu finden, wenn man einmal die Spur gewechselt hat.

Abstand

Gönne dir den nötigen Abstand, wenn du ihn brauchst, Menschen, die dich lieben, werden dich verstehen.

Überraschungsei

Das Leben ist wie ein Überraschungsei. Auch wenn uns der Inhalt nicht gefällt, werden wir immer versuchen, die Überraschung zusammenzubauen.

Wenn

Wenn du ganz weit unten bist, umgib dich mit Menschen, die dich wieder hochziehen und nicht noch tiefer, als du es schon bist.

Es ist ...

Es ist nicht jeder Tag gleich, deswegen genieße die guten Tage, denn die Erinnerungen werden dich auch an schlechten Tagen aufheitern.

Keine Antwort

Bekommst du mal von deinem Herzen keine Antwort, folge deinem Bauchgefühl und du wirst die Antwort fühlen können.

Schläge und Deckung

Im Leben muss man immer wieder Schläge einstecken, doch deine Deckung kann dir keiner nehmen.

Last

Jeder Mensch hat eine Last zu tragen, doch nur mit Motivation zur Bearbeitung wirst du dich wieder leichter fühlen.

Viele Chancen

Wir haben so viele Chancen im Leben und doch ergreifen wir oft nur wenige davon und bereuen es oft im Nachhinein, nicht mehr davon genutzt zu haben.

Noch schwerer

Über Probleme zu reden ist nicht immer einfach, doch über sie zu schweigen macht es noch schwerer.

Nachdenken

Denke über dein Leben regelmäßig nach, nur so wird dir bewusst, was du verändern willst.

Fremde Hilfe

Wenn du dir selbst nicht mehr helfen kannst, dann sei so vernünftig und nimm fremde Hilfe an.

Irgendwann

Egal was du tust, du wirst es irgendwann zurückbekommen.

Jeder

Jeder Mensch hat Talente, entweder sie sind schon da oder sie werden mit den Jahren entwickelt, erkennen musst du sie selbst.

Sehr ähnlich

Wir Menschen sind grundverschieden, doch im Innersten sind wir uns sehr ähnlich.

Stärke ...

Stärke deine Wurzeln und deine Baumkrone wird leuchten.

Nach deiner Uhr

Funktioniere immer nach deiner Uhr, denn dann kannst du dich und deine Zeit immer selbst bestimmen.

In deine Hand

Nimm dein Leben in deine Hand und deine Sorgen lösen sich von deinen Fingern.

Sortiere aus

Sortiere aus, was du nicht brauchst. Lass da, was dir steht nah.

Was du liebst

Mache was du liebst, du auch etwas gibst.
Werde immer wieder wach, gib auf dich Acht.

Tanze

Tanze durch dein Leben und führe dich immer
selbst.

Bewegung bewegt uns!

Spaziergänge

Spaziergänge erweitern den Horizont von Geist, Körper und Seele, doch um diesem Horizont zu begegnen musst du dich bewegen.

Noch lange

Bewege deinen Körper jeden Tag, dann wird auch dein Gehirn deinen Körper noch lange bewegen.

Schwinge mit

Der Mensch ist ein schwingendes System, deswegen denke nicht zu viel nach, sondern schwinge einfach mit.

Maß und Ziel

Sportliche Aktivitäten mit Maß und Ziel lassen deinen Körper sehr lange gesund bleiben.

Hardware und Software

Bewegung ist wie Hardware, fehlt dir die Grundbasis, kannst du auch keine Software raufspielen.

Motiviere

Motiviere dich jeden Tag, dich zu bewegen, denn so kannst du deinem Körper Gutes tun.

Extremsport

Kein Körper braucht Extremsport, oft sind es nur Spaziergänge und sie lassen uns schon extrem sportlich aussehen.

Nahrungsmittel

Nicht nur unserem Körper tut der Sport gut, sondern auch unser Gehirn wird dadurch ernährt. Dieses Nahrungsmittel können wir uns nicht kaufen oder bestellen, sondern wir müssen was dafür tun, wenn wir es wirklich wollen. Lasst uns heute damit beginnen und den Sport unseren Grundnahrungsmitteln zuordnen.

Bis ins hohe Alter

Bewegung bis ins hohe Alter hilft uns, mobil und beweglich zu bleiben, wo junge Menschen schon erkannten, wie unbeweglich sie sind.

Jung

Solange du beweglich bist, spürst du deine Seele und dein Körper bleibt jung.

Bausteine

Lerne deinen Kindern viele Sportarten, damit sie viele Bausteine besitzen und im Alter darauf zugreifen können.

Jeden Tag

Jeden Tag ein kurzer Spaziergang und deine Augen werden wieder sehr viele schöne Dinge sehen, die du sonst nicht wahrgenommen hättest.

Freie Seele

Sport und Bewegung machen die Seele frei, doch nur mit Maß und Ziel wirst du diesen freien Zustand behalten können.

Anders sehen

Wenn du dich in deinem Körper nicht wohl fühlst, bewege ihn, denn durch die Durchblutung und Sauerstoffanregung wirst du dich nach einiger Zeit anders sehen. Bewegung stärkt dein Selbstbewusstsein.

Vielfalt

Lebe für die Vielfalt des Sportes, so bleiben alle Muskeln und Gelenke fit und auch dein Gehirn lebt mit der Veränderung mit.

Bewegung

Bewegung ist viel wichtiger, als viele Menschen glauben, doch leider bewegen sich die meisten nicht mehr freiwillig, sondern nur, wenn sie müssen. Dadurch verlieren viele Menschen die Freude an der Bewegung. Deswegen bewegen wir uns wieder, weil wir es wollen, weil es uns glücklich macht und nicht, weil wir müssen.

Gesund oder krank

Verletzungen

Jede Verletzung muss gut ausgeheilt werden, denn sonst werden alte Verletzungen immer wieder zu Neuen.

Zum Nachdenken

Krankheiten und Verletzungen bringen dich zum Nachdenken, nehme dir diese Gedanken auch bei Gesundheit mit, damit du nicht in deinen Verletzungen und Krankheiten verweilst.

Teile

Krankheit und Gesundheit sind Teile von uns, doch leider kann man sich diese Teile nicht immer aussuchen.

Geduld

Wenn du wegen deiner Krankheiten leidest, sei geduldig, denn die Ungeduld versetzt deinen Körper in Stress und hindert deine Seele beim Heilen.

Wirklich krank

Oft reden die Leute sehr gescheit daher,
wenn sie gesund sind, weil sie gar nicht wissen,
was es heißt, wirklich krank zu sein.

Wie gehen wir damit um?

Krankheiten und Verletzungen können wir uns
nicht immer aussuchen, doch wir können
entscheiden, wie wir damit umgehen.

Versuche

Versuche auch bei Krankheit, positiv zu denken, denn mit negativen Gedanken wirst du deinen Körper auch nicht heilen können.

Nicht schämen

Wenn du oft krank bist, brauchst du dich nicht schämen, weil die Menschen, die gesund sind, es auch nicht tun.

Sterne

Wenn deine Welt nur mehr dunkel ist, hab Geduld, die Sterne werden wieder zu dir kommen und dir Licht geben.

Chaos

Wenn wir krank sind, herrscht Chaos in uns, genau das braucht unsere Seele, um sich wieder neu zu ordnen und danach im geordneten Leben wieder gesund zu bleiben.

Neue Schritte

Schätze deine Gesundheit in guten Tagen, denn nur so kannst du auch bei Krankheit neue Schritte wagen.

Für alle gleich

Gesundheit kann man sich für kein Geld der Welt kaufen, ob arm oder reich, der Stellenwert ist bei der Gesundheit der einzige, der für alle gleich ist.

Das Leid

Leidest du stark und hast Schmerzen, bleibe stark und zeige deinen Schmerzen auch das Leid.

Einsam und leer

Fühlst du dich einsam und leer, habe Geduld, denn auch deine Seele braucht Zeit, um deinen Raum im Körper wieder einzurichten.

Hoffnung

Gib die Hoffnung auch bei Krankheit nie auf, denn solange wir hoffen, können wir auch gesund werden.

Nervenkostüm

Wenn dein Nervenkostüm sehr dünnhäutig ist, achte gut auf dich und suche dir deine nächsten Kostüme gut aus, mit welchen du in Zukunft ausgehen möchtest.

Alleine und einsam

Wenn es dir nicht gut geht, fühlst du dich alleine und einsam, doch es wird immer einen Menschen geben, der an dich denkt.

Am Boden zerstört

Bist du mal ganz am Boden zerstört, lasse dir Zeit, denn dein Körper braucht sie, um sich wieder aufzurichten.

Seele

Wenn deine Seele leidet, hat das einen Grund. Suche nach den Gründen, sprich darüber, damit deine Seele wieder gesund wird.

Ansteckend

Glückliche Menschen sind wie Krankheiten. Auf der einen Seite ansteckend und auf der anderen Seite die beste Medizin.

Geduldig

Bist du krank, sei geduldig und verliere nicht den Glauben. Alles braucht seine Zeit und dein Körper wird wieder gesund.

Medizin

Die Medizin ist auf einem sehr modernen Stand, doch leider hilft uns das nicht immer und wir müssen auf die altmodischen Hausmittel zurückgreifen.

Hilfe

Wenn deine Seele schmerzt, versuche sie nicht immer selbst zu heilen, sondern suche professionelle Hilfe auf.

Der erste Schritt

Der erste Schritt zu einer gesunden Seele ist die Erkenntnis, dass sie krank ist.

Nimm dir Zeit

Nimm dir Zeit für dich, wenn du gesund bist,
denn sonst wirst du dir mal Zeit nehmen
müssen, wenn du krank bist.

Heilung

Gesundheit braucht Zeit; man braucht viel
Geduld. Doch Heilung ist die Hoffnung.

Tod

Die Kraft

Wenn du weißt, dass deine Zeit abgelaufen ist, nehme dir die Kraft aus deinen Erinnerungen mit, bis du beim Licht angekommen bist.

Unergründlich

Der Tod ist unergründlich, manchmal hinterlassen uns Menschen kein „Ja" und kein „Nein", nur Kummer, Trauer und Schmerz, obwohl wir genau diesen Menschen so viel Liebe schenkten.

Erinnerungen

Auch wenn uns der Tod sehr traurig macht können uns zeitgleich die Erinnerungen wieder glücklich machen.

Keine Angst

Hab keine Angst vor dem Tod, denn es ist nur dein Körper der stirbt und nicht deine Seele.

Barmherzig

Der Tod ist nicht immer barmherzig, doch deine Liebsten, die auf dich warten, werden dich immer barmherzig empfangen.

Eine andere Welt

Wenn der Tag gekommen ist, wird es nicht dein Ende sein, sondern du wirst wie ein Schmetterling aus deinem Kokon aufsteigen und in eine andere Welt fliegen.

Etwas Schönes

Der Tod ist nicht nur schwarz und dunkel, er hat auch etwas Schönes, wenn du zum Licht gehst.

Jeden Moment

Oft gehen liebe Menschen viel zu schnell von uns, deswegen zeig deine Liebe immer wieder und genieße jeden Moment mit deinen Liebsten.

Mit reinem Herzen

Sei immer ehrlich zu dir, denn das Licht im Himmel kannst du nur mit reinem Herzen sehen.

Wie Schmetterlinge

Wenn uns unsere Liebsten verlassen, sind sie Schmetterlinge. Ab und zu werden sie bei uns wieder vorbei fliegen und uns mit ihrer Farbenpracht Freude bereiten.

Das kostbarste Geschenk

Das Leben ist das kostbarste Geschenk der Welt, deswegen sei egoistisch und gib es nicht her.

Bei Lebzeiten

Gib bei Lebzeiten nicht nur Liebe, sondern auch Erinnerungsstücke weiter. Deine Liebsten werden es zu schätzen wissen und sich noch ganz oft an dich erinnern.

Charakter

Menschen mit einem guten Charakter haben automatisch einen guten Ruf, ohne etwas dafür zu tun.

Danach

Nach jedem Tod geht das Leben leider weiter, zwar mit einem lieben Menschen weniger, doch dafür sind die Erinnerungen an diesen Menschen viel intensiver.

Ein neues Geschenk

Das Leben ist jeden Tag ein neues Geschenk,
wenn man es auch oft als Strafe sieht.
Vielleicht versuchen wir einfach, die Strafe
des Öfteren in ein Geschenk zu verpacken.

Geiz

Sei im Leben nicht geizig zu dir und auch nicht
zu anderen, denn wenn du mal von dieser Welt
gehen musst, wird dir der Geiz im Grabe
nichts bringen.

Manchmal

Manchmal ist für Menschen der Tod die Erlösung. Viele fürchten sich davor zu gehen, doch für manche ist der Tod erträglicher, als die Schmerzen und das Leid im Dasein.

Zuhören

Wenn du deine Liebsten im Himmel vermisst, suche die Sterne am Himmel und sprich mit ihnen. Auch wenn das deine Liebsten nicht wieder zurückbringt, sie werden dir auf jeden Fall zuhören.

Von der Seele

Bevor du gehst, sprich dir noch alles von der Seele, damit du es im Himmel nicht bereust, nicht alles gesagt zu haben.

Trauerfeier

Eine Trauerfeier muss nicht unbedingt teuer sein, doch sie sollte mit Liebe und Herz organisiert werden, denn das sind wir unseren Liebsten schuldig.

Wie ein Schmetterling

Der Tod ist dunkel, doch deine Seele wird aufsteigen wie ein Schmetterling und du wirst leuchten, wie die Sterne am Himmel.

Wie lange

Geben wir unseren Liebsten ganz viel Liebe, denn wir wissen nicht, wie lange wir sie noch haben werden.

Loslassen

Halte dein Herz immer rein, denn das erleichtert das Loslassen in eine andere Welt und du wirst mehr Leichtigkeit spüren.

Scherben

Wenn ein lieber Mensch von uns geht sind wir am Boden zerstört. Die Zeit lindert die Trauer und den Schmerz, doch die Scherben im Herzen bleiben uns ewig.

Geschenk

Zeit ist ein Geschenk und solange wir Zeit haben, können wir uns glücklich schätzen. Zeit ist Leben!

Wünsche

Erfülle dir deine Wünsche, solange du noch kannst selbst, denn man weiß nie, wie lange man sich was wünschen kann oder überhaupt Wünsche hat.

Liebe ist ...

Liebe ist der wärmste Schlüssel der Welt und öffnet alle Türen. Egal ob Geburt oder Tod, es ist der Schlüssel der Liebe.

Wenn uns ...

Wenn uns ein geliebter Mensch verlässt, sind die Trauer und der Schmerz zu groß, um ihn zu beschreiben. Der Schmerz wird mit den Jahren kleiner, doch was ewig bleibt ist die Erinnerung.

Von oben

Es wurde uns Menschen erlaubt, die Erde zu besuchen, doch es wird uns auch erlaubt, irgendwann mal die Erde von oben zu betrachten.

Nicht das Ende

Der Tod ist nicht das Ende, sondern ein weiterer Weg, den wir gehen müssen. Dieser Weg leuchtet uns auch im Tunnel und wir brauchen nur zum Licht gehen. Das Licht wird uns die Herzen wärmen und uns die Angst nehmen.

Freunde

Wie das Salz

Freunde sind wie das Salz im Meer, in trostlosen Zeiten helfen sie dir, nicht unterzugehen.

Wie Sterne

Freunde sind wie Sterne, sie zaubern dir in dunklen Stunden ein Lächeln ins Gesicht.

Wie Glühwürmchen

Freunde sind wie die Glühwürmchen. Wenn es in deinem Leben sehr finster ist, leuchten sie dir und zeigen dir den Weg.

Wie kleine Engel

Freunde sind wie kleine Engel, sie begleiten uns in schwierigen Zeiten und wärmen uns mit ihren Flügeln.

Wie die Sonnenblumen

Freunde sind wie die Sonnenblumen, sie bereichern uns alleine mit ihrer Anwesenheit und erfüllen uns wie ein Sonnenblumenfeld.

Wie Brücken

Freunde sind wie Brücken, sie gehen mit dir die Wege, wenn du dich alleine fürchtest und begleiten dich bis an dein Ziel.

Wie Elfen

Freunde sind wie Elfen, sie lesen die Wünsche von unseren Augen, obwohl wir gerade erst daran gedacht haben.

Wie Schokolade

Freunde sind wie Schokolade, hast du sie bei dir zu Hause, bist du glücklich.

Die besten Ärzte

Freunde sind die besten Ärzte, denn alleine die emotionale Verbundenheit lässt uns unsere Seelen heilen.

Wie Bienen

Freunde sind wie Bienen, wenn du sauer bist, versüßen sie dir den Tag mit Honig.

Nicht viele

Freunde hat man nicht viele und wenn man genauer hinschaut, werden es mit dem Alter noch weniger werden.

In guten und in schlechten Zeiten

Freunde bleiben in guten und in schlechten Zeiten bei dir, doch erst in den schlechten Zeiten wirst du merken, ob diese Menschen wirklich Freunde sind.

Wie die Familie

Freunde sind wie die Familie, zwar ist es nicht dasselbe Blut, doch oft fühlt es sich wie die gleiche Blutgruppe an.

Einen Richtigen

Kein Mensch braucht viele Freunde, doch einen Richtigen.

Kleines Dankeschön

Bei Freunden braucht man nicht immer um etwas bitten, ein kleines Dankeschön kommt automatisch.

Wie die Farben

Freunde sind wie die Farben in einem Farbenkasten. Sie machen unser Leben viel bunter und zaubern uns mit ihren Farben ein Lächeln ins Gesicht.

Mehr wert

Freunde sind mehr wert als Geld, denn Geld wird weniger oder es verliert an Wert, doch ein richtiger Freund bleibt für immer.

Sternschnuppe

Freunde sind wie Sterne und geben uns sehr oft das Gefühl, eine Sternschnuppe zu sein.

Immer ehrlich

Ein guter Freund sollte immer ehrlich sein, auch wenn es weh tut, denn Lügen verletzen noch mehr.

Ein guter Freund

Ein guter Freund zeigt dir die Güte, wenn es dir nicht gut geht.

Wie stille Helfer

Freunde sind wie stille Helfer, oft merkt man es erst später, dass sie durch Worte und Zuhören schon geholfen haben.

Echte Freunde

Echte Freunde beneiden dich nicht, im Gegenteil, sie gönnen dir alles von Herzen.

Wie kleine Engel

Freunde sind wie kleine Engel, fliegst du zu langsam, weil deine Flügel kaputt sind, nehmen sie dich an den Händen und ziehen dich mit.

Wie Schneeflocken

Freunde sind wie Schneeflocken, du streckst deine Nase nach ihnen und wenn sie bei dir angekommen sind, zaubern sie dir ein Lächeln ins Gesicht.

Ganz nah

Freunde können nicht immer in deiner Nähe sein, doch wenn du an sie denkst, sollten sie dir gedanklich ganz nah sein.

Nicht erst

Wenn du richtige Freunde hast, werden sie auch bei dir bleiben, wenn es dir mal schlecht geht und nicht erst, wenn es dir richtig gut geht.

Hintergrund

Manche Menschen sind auch wenn sie nur im Hintergrund stehen Freunde. Doch wenn man an sie denkt, stärken sie uns den Rücken und es fühlt sich gut an.

Sehr kostbar

Freunde sind sehr kostbar, sie nehmen sich für dich Zeit, wenn du davon zu wenig hast.

Keine Lügen

Freundschaft braucht keine Lügen, so wie es ist, so ist es gut. Und diese Freunde, die dich zu schätzen wissen, vertragen auch die Wahrheit, wenn du mal ehrlich bist.

Wie Hubba Bubba

Freunde sind wie Hubba Bubba, von ihnen wird nicht weniger, wenn wir sie kauen.

Gute Schwimmlehrer

Freunde sind gute Schwimmlehrer. Kannst du nicht schwimmen, lernen sie es dir und kannst du es, zeigen sie dir auch, wie man nicht untergeht.

Wie Taschentücher

Freunde sind wie Taschentücher. Sind wir traurig, trocknen sie uns die Tränen.

Nicht alle

Nicht alle Freunde sind Sterne, die leuchten. Manchmal musst du sie von hinten anschauen und du weißt, ob es die richtigen Freunde sind.

Wie Handys

Freunde sind wie Handys. Sie sind immer erreichbar und haben stets ein offenes Ohr.

Ins Gesicht

Ein guter Freund sagt dir auch mal direkt was ins Gesicht. Es ist sehr kostbar, wenn wer ehrlich ist. Also, sei nicht verletzt, sondern dankbar, dass du es bist.

Ein Lächeln

Freunde sind wie kleine Sterne am Himmel, sie zeigen dir den Weg in der Finsternis und zaubern dir auch in schweren Zeiten ein Lächeln ins Gesicht.

Nachwort

Lektor

Schreibe deine Geschichte des Lebens immer selbst, lerne aus deinen Fehlern, denn im wirklichen Leben kann dir kein Lektor helfen. Das Buch in deinem Herzen kannst nur du selbst ausbessern. Es ist dein Buch und du entscheidest, ob es ein Bestseller wird.

Die Autorin Nicole Sunitsch

Meine Bücher!